Johanna Amthor

Der Duft der Erde

Gedichte

Johanna Amthor

Der Duft der Erde

Gedichte

Bibliografische Information der Deutschen Nationalbibliothek:
Die Deutsche Nationalbibliothek verzeichnet diese Publikation in der Deutschen Nationalbibliografie; detaillierte bibliografische Daten sind im Internet über http://dnb.dnb.de abrufbar.

2. Auflage 2020

© 2020 Johanna Amthor johanna-amthor.de
Gestaltung und Satz: Dr. Claudia Löschner
Illustrationen & Fotos:

- *Ahnenverbundenheit:* Katja Hellmich
- *Nächtlicher Fluch:* Claudia Löschner
- *Gänseflug:* Joachim Amthor

Herstellung und Verlag: BoD – Books on Demand, Norderstedt
ISBN 9783751948685

Der Duft der Erde

Wenn sie des Frühlings Lüfte wecken,
beginnt die Erde sich zu recken.
Sie riecht nach Humus und nach Moos,
nach welkem Laub in ihrem Schoß.

Bald schlüpft sie in das Grün der Saaten
und scheut nicht Ackerpflug noch Spaten.
Ihr Ehrgeiz liegt auf grünen Wiesen,
wo auch die ersten Blumen sprießen.
Doch immer kecker wird die Krume,
begnügt sich nicht mehr mit der Blume:
Sie bringt Gemüse, Früchte, Beeren
hervor, sowie die prallen Ähren.

Und kommt die Erntezeit heran,
riecht sie nach Heu und Stroh sodann.
Liegt das Getreide in der Scheuer,
riecht sie oft nach Kartoffel-Feuer.
Sowie nach Pilzen in den Wäldern
und Wein in unsern Glasbehältern
Wir danken dann mit Erntekränzen,
mit Feiern und mit Ernte-Tänzen
der Erde, während wir uns laben,
für eines Jahres reiche Gaben!

Doch während wir die Ernte feiern,
beginnt die Erde auszuleiern…
Und nach des Sommers reicher Fülle,
riecht sie auch manchmal nur nach Gülle.

Märzsonne

In hohen Sprüngen eilt die Zeit,
der Winter ist vergangen!
Es prallen Knospen weit und breit,
die ersten Blüten prangen.

Frühmorgens tönt der Amsel Lied,
die Luft ist voller Summen.
Die Erde riecht, der Nebel zieht,
der Nordwind ist verklungen.

Schon dringt der helle Sonnenschein
in alle meine Zimmer.
Sein Licht zieht in die Wohnung ein
mit seinem klaren Schimmer.

Mein Spiegel aber in dem Licht,
dem hellen, wunderbaren,
zeigt mir die Jahre im Gesicht –
und Spinnweb in den Haaren.

Trostgedicht

Über Menschen oder Tierchen,
kam ein fremdes, böses Virchen,
welches über Hals und Zunge,
heimlich kriecht in deine Lunge.

Weil man es zuerst kaum spürt,
wenn es seine Tat vollführt,
hat es, eh man sich beschwert,
sich ums Vielfache vermehrt.

Kurzes Räuspern oder Husten,
Händedrücken, Nasepusten,
kann allein schon infizieren
und sogar zum Tode führen!

Dass es dazu gar nicht käme,
sperrt man uns in Quarantäne,
hoffend, dass Corona-Viren
sich von selber weg-mutieren.

Doch in der streng begrenzten Enge,
erinnern mich die alten Klänge,
die in der Jugendzeit wir hörten,
die unsre Zukunft einst verklärten:

Morgen, morgen lacht uns wieder das Glück.
Gestern, gestern liegt schon so weit zurück.
Morgen – morgen sind wir wieder dabei.
Gestern, gestern ist uns heut einerlei….
von Ivo Robič

Mondnacht im Mai

Es glitzert im Teich ein verwunschener Spiegel,
es huscht durch das Beet ein verzauberter Igel.
Es sitzt hinterm Strauch eine schattige Masse,
der Mondhauch versilbert die helle Terrasse.
Es flattert ein Nachtmar dem Mondlicht entgegen
und naht sich ein Kater auf heimlichen Wegen.

Es blüht vor dem Zaun der vergessene Flieder,
es tropft in dem Schimmer Goldregen hernieder.
Wogegen im Windhauch die Blätter der Birken
leicht zitternd erregt, wie ein Schattenspiel wirken.
Und wo am Holunder die Dolden sich biegen,
im Mondlicht sich winzige Kobolde wiegen.

Abschied

Mein Kind, wie schnell warst du erwachsen!
Hast kürzlich erst auf meinem Schoß gesessen.
Hast Grießbrei mit dem Löffelchen gegessen.
Warst voller Übermut und Flachsen.

Doch irgendwann gab es schon Hausaufgaben
und viele Stunden in den Klassenräumen.
Auch gab es Bücher und Musik zum Träumen –
und eine schwere Mappe heim zu tragen.

Und morgen startest du die nächste Stufe,
nach Abschied in der Früh, beizeiten!
Ein fremder Weg und einzig zu begleiten
mit gutem Rat, den ich nur flüsternd rufe.

An die Musik

Manchmal perlen leise Töne
uns direkt ins Herz hinein.
Ziehen uns als Göttersöhne
in des Frühlings lichten Schein.

Zwar die Straße drängt uns weiter,
die kein Mensch je ging zurück.
Mit Musik als Wegbegleiter
birgt selbst mancher Pfad noch Glück.

Wer die Straße weit gegangen,
wird die Landschaft anders sehen!
Müde Augen, blasse Wangen
lassen Schwellen neu entstehen.

Doch gewisse Melodien,
die die Seele warm erregen
und vertraulich mit uns ziehen,
leuchten auf – an dunklen Wegen

Ein alter Brief

Ein alter Brief, mit halbverblassten Lettern,
der Jahre lang in einer Lade schlief,
beginnt sich unerwartet aufzublättern
weil ihn versehentlich sein Name rief.

Er kriecht heraus, aus seiner finstren Bleibe
Und rückt dem Adressaten auf den Leibe.
Er flattert und er schnattert,
er zwacket ihn und hacket,
er springt auf seinen Schoß
und lässt ihn nicht mehr los.

Einst Liebesbrief, so gibt er sich jetzt nüchtern
und eher cool – im klaren Diskutieren.
Spricht mit Vernunft und nicht wie damals schüchtern,
zeigt sich gereift und möchte nicht brüskieren.

Um seiner faden Lage zu entgleiten
kroch er heraus, aus längst vergangnen Zeiten.
Jetzt schmeichelt er und streichelt,
er mustert und er plustert
und drängt sich auf den Schoss.
Und wird ganz riesengroß.

Herbststimmung

Der Herbst verdrängt die gute Laune,
sie fällt genervt auf welke Blätter.
Betrübt steht sie am Gartenzaune
und sieht nur nasses, graues Wetter.

Die Amsel pflückt ihr weg die Traube,
der Apfelbaum zeigt ihr die Rinde,
nur Efeu wuchert an der Laube,
und durch die Astern fauchen Winde.

Sie sieht nur Nebel über Mooren,
kein warmer Ton, kein Vogel singt!
Die Kälte beißt ihr in die Ohren
und Nachbars Güllewagen – stinkt.

Oktober-Gedicht

Oktober lässt den Regen hohl

niederplätschern auf die Felder…

Er lockt den runden Parasol

und andre Pilze in die Wälder.

In seines Himmels Spiegelbild

macht er die bunten Blätter schweben.

Und manchmal schickt er Sonnenschein

auf unsres Weines Reben.

November-Gedicht

Schwindende Tage,
mondhelle Nächte,
am frühen Morgen glänzt Eis.

Trauernde Klage,
stockende Säfte
unter dem Schnee kalt und weiß.

Räume verschwinden,
in weißen Schwaden.
Rau klingt der Wildgänse Schrei.

Göttinnen winden
des Schicksals Faden.
Und kichern leise dabei…

Gänseflug

Eilig, mit schrillen und klagenden Tönen
ziehen am Himmel die herrlichen, schönen
Wildgänse nun in die südlichste Ferne,
suchen den Weg im Gebilde der Sterne.

Strömende Schatten im Dämmerlicht gleiten
wie rastlose Seelen – aus uralten Zeiten…

Der 4. König

Verzweifelt reitend durch den Wüstensand,
dem Tross zu folgen, weil er es versprochen
dem 3. König, der mit ihm verwandt.
Ach wäre er doch früher aufgebrochen!

Der Wind verwehte alle alten Spuren,
die Kälte biss inzwischen in die Nase.
Der König hatte sein Geschenk verloren,
vermutlich an der vorletzten Oase.

Die Krone drückt ihm schmerzlich auf dem Schädel,
die Wangen fahl, verbittert das Gesicht
und immer noch ist da kein Weihnachts-Städel –
und auch das Kind in seiner Krippe nicht!

So ist der Vierte schließlich nach vier Tagen,
von seiner Wüstenreise heimgekehrt!
Mit dem Gefühl, als Weiser zu versagen,
(wie die Legende zu der Bibel lehrt…)

Die andern Drei mit ihren Trampeltieren,
die trafen längst schon bei der Krippe ein!
Sie brachten Weihrauch, Gold und etwas Myrrhen
und für den Joseph eine Flasche Wein.

Der vierte König auf dem weißen Schimmel
versuchte traurig nun zurück zu gehn.
Doch staunte er, der Stern stand jetzt am Himmel!
Und blieb genau vor seinem Hause stehn.

Ahnen-Verbundenheit

Im Winter kroch er in die Höhle
und richtete sie frierend ein,
malte die Furcht aus seiner Seele,
als Höhlenmensch in Felsgestein.

Vor wilden Tieren, Fluten, Bränden,
vor Hunger und vor Geistergrauen,
vor Krankheit, die nicht abzuwenden
saß angstvoll er im Höhlenraum.

Vor Feinden musste er sich wehren,
sich schützen vor der Ratten Plage
und sich dabei auch noch vermehren
bis heute gar, in unsre Tage.

Wir, die in warmer Stube wohnen
und schon den nächsten Urlaub planen
sind doch, durch Winter-Depressionen
verbunden noch – mit unsern Ahnen.

Nächtlicher Fluch

Die nächtlich hämmernde Musik

durchtrommelt alle meine Wände!

Wie die Geschosse, einst im Krieg,

so klopft es schaurig ohne Ende.

Ich möchte einen Blitz beschaffen,

der durch gezielte Laser-Wellen,

in diese Box mit ihrem Krachen

hineinfährt, um sie ruhig zu stellen!

Trauminsel

Träum dir manchmal eine kleine Insel
Hinter einer Welt aus Spott und Schrott.
Mitten in des Weltensturms Gewinsel
Schützt sie dich vor Angst und Stress und Not.

Träum Dir eine schöne alte Linde,
Die steht fest und nur für dich allein.
Mit dem Schnitze-Messer in die Rinde
Ritze einen Kosenamen ein.

Im Februar

Sabine bringt uns Sturmesrauschen
über das Land, vom Meer daher,
wo sich die Wolken um sich bauschen,
auch hierzulande, grau und schwer.

Die Eichen stemmen sich und stöhnen,
wenn um den Stamm die Stöße schnellen.
Es stockt der Fahrplan auf den Schienen.
Und Hühner bleiben in den Ställen.

Auch hören Rehe auf zu grasen
und ducken ängstlich sich ins Grüne.
Da staunen selbst die alten Hasen,
dass solche Kraft sich nennt – Sabine.